FACULTÉ DE DROIT DE PARIS.

THÈSE

POUR LA LICENCE.

L'acte public sur les matières ci-après sera soutenu le Vendredi 3 Décembre 1841, à dix heures,

PAR PAUL-ALEXANDRE-JOSEPH CAUX,

NÉ A GOURNAY EN BRAY (SEINE-INFÉRIEURE), LE 15 DÉCEMBRE 1817.

Président, M. ROYER-COLLARD, Professeur.

Suffragants, { MM. BLONDEAU, BERRIAT SAINT-PRIX, PELLAT, } Professeurs.

BONNIER, Suppléant.

Le Candidat répondra en outre aux questions qui lui seront faites sur les autres matières de l'enseignement.

SAINT-CLOUD,

DE L'IMPRIMERIE DE BELIN-MANDAR,

RUE DU NORD, N. 5.

1841.

A MES PARENTS.

A MES MAITRES.

A MES AMIS.

JUS ROMANUM.

DIGESTORUM lib. XLIX, tit. 1, 7 et 8.

De appellationibus et relationibus. Tit. 1.
Nihil innovari appellatione interpositâ. Tit. 7.
Quæ sententiæ sine appellatione rescindantur. Tit. 8.

Facilè intelligitur quam sit necessarius ac frequens appellationum usus. Tractandum est igitur : 1° Quod sit tempus appellationis. 2° Quomodo appelletur. 3° Quâ de sententiâ appellare non possint. 4° Quis, a quo appelletur. 5° A quibus appellare non liceat. 6° Qui appellare possint. 7° Nihil innovari appellatione interpositâ. 8° Quæ sententiæ sine appellatione rescindantur.

I. Quod sit tempus appellationis. 1° Intra quæ tempora appellandum. Biduum vel triduum computandum erit, quum inter acta, voce non illicò pars appellaverit. 1° Biduum. Biduum in propriâ causâ parti datur et partis exstat propria causa, quum emolumentum vel damnum sententiæ, ad eam suo nomine pertineat. 2° Triduum. Triduum omnibus non in propriâ causâ agentibus datur; causâ exempli : procuratori non in suam sed in alienam rem dato, triduum concessum erit. Sed si partim proprio, partim alieno nomine egerit, biduum illi, triduum alieno, concessum. Nunc etiam, ullo sine dubio, tutorque, defensorque rerum publicarum et curator adolescentium vel furiosi pro alieno nomine litigantes tertiâ die appellationis fruentur. Defensor vero, qui non proprio nomine agit, tertium obtinebit diem. Quodnam igitur erit appellationis tempus, de suspecti tutoris accusatione : triduum. Quodnam de absente biduum vel triduum computandum est, non ex quo die pronuntiatum, sed ex quo sententia judicis fuerit ab absente cognita. Procuratore autem, primum

1

imo ordine, injustâ deinde appellatione, victo, tertia dies, illi alienam causam defenso, debetur. Si quis, non judicio expertus sed cujus interest, appellet, secundam diem, solummodo obtineat, nam propriam causam defendit : in liberali causâ, pater, de ingenuitate filii familias, quem libertum dicebant, secundâ die, ut propriâ causâ, appellare debet. Dicendum est denique, personam necessariam, quæ pro reo capite damnato appellat, ut in propriâ causâ, secundâ die, appellandam. 2° Ex quâ die computatur : biduum vel triduum, etiam si sententia fuerit sub conditione dicta, ex die judicio lato computandum erit. Dies autem istæ utiles esse debent, ita voluit divi Marci oratio; ait enim : «Is dies servabitur, quo primo adeundi facultas erit;» quare, si forte ejus, a quo provocatur, post sententiam dictam, copia non fuerit, ut ei dentur libelli appellatorii, nihil appellanti officiendum est et ubi primum in publico copiam ejus habuerit, eum adire et provocare poterit. Sciendum est hæc tempora, ne militibus quidem, quibus leges sæpius favent, remitti, et victi, si non appellaverint et solemnia non fecerint, postea non audiuntur.

II. Quo modo appelletur. Appellatur 1° hoc uno verbo, appello, quum apud acta appellaverint ; 2° libello appellatorio, ita concipiendo ut habeat scriptum, 1° a quo, 2° adversus quem, 3° a quâ sententiâ, appellatur. Appellatione sic interpositâ, litteræ, nomine, litteræ demissoriæ sive apostoli, petitæ, intra tempus, instanter, sæpius, dandæ sunt ab eo qui appellat, ad eum qui de appellatione cogniturus est, sive principem, sive quem alium. Sensus autem litterarum talis est, appellasse, puta, Lucium Titium, a sententiâ illius, quæ inter alios dicta est.

III. Quâ de sententiâ appellare non possint. Non ab executore sententiæ, non a sententiâ inter alios dictâ, appellari licet.

IV. Quis, a quo appelletur. 1° Is qui judicem dedit, 2° successor ejus, vel præfectus urbi, vel prætorius a judice dato, 3° proconsul a legatis appellabuntur.

V. A quibus appellari non liceat. 1° Non dubium est, a principe, cum ipse sit, qui provocatur, appellari non licere : attamen hæc sunt verba rescripti imperatoris Antonini Pii, ad communitatem Thracum, de appellatione principis : « Si scripserit quisquam ad nos, et illi aliquid rescripserimus, volentibus ad nostram sententiam provocare permissum erit. Si enim docuerint vel falsa, vel non ita se habere quæ scripta sunt, nihil a nobis videtur judicatum, priusquam contra scriptum fuerit, quemadmodum aliter res se habeat, quam nobis insinuatum sit. » 2° A senatu principem appellare non possunt. 3° Non a consultatione judicis, quum interlocutus fuerit, appellandum est. 4° Non a sententià, cum ante hanc sententiam, pars quædam professa fuerit, se non a judice provocaturam. 5° Non a judice ita dato ab imperatore, ne liceret ab eo provocare. Si quis vero in appellatione erraverit, utputa cum alium appellare deberet, alium appellaverit, atque error ei obfuerit, culpæ ejus hoc divorum fratrum rescripto, subventum est : « Cum per errorem factum dicas, uti a judice quem ex rescripto nostro ab amplissimis consulibus acceperas, ad Junium Rusticum amicum nostrum præfectum urbi provocares : consules amplissimi perinde cognoscant, atque ad ipsos facta esset provocatio.

VI. Qui appellare possunt. — Solent audiri appellantes : 1° Hi, quorum interest, qualis est qui per procuratorem expertus victus est et proprio nomine appellat : item auctori emptoris victi et cessantis et emptori auctoris victi danda est appellandi facultas. 2° Hi, quibus mandatum est. 3° Qui negotium alienum gerunt. Pro eo, qui ad supplicium ducitur, provocare permittitur ; 1° huic reo ad supplicium ducto ; 2° alii a nocente mandato ; 3° cuivis alii non mandato, sed humanitatis causa admisso ; nam per alium causæ appellationum reddi possunt. In rebus pecuniariis, verba rescripti cujusdam divorum fratrum Longino ita se habent : « Si tibi qui appellavit, mandavit ut eum de appellatione quam Pollia ad eum fecit, defenderes, et res pecuniaria est ; nihil prohibet nomine ejus te respondere. Sin autem non sit pecuniaria causa, sed capitalis : per procuratorem agi non licet. Sed et si ea causa sit, ex qua sequi solet pœna usque ad relegationem non oportet per alium causas agi, sed ipsum adesse auditorio debere sciendum est. » Servi generaliter appellare non possunt, sed domino, imò procuratori, domini nomine ; nam quum esset quæsitum, sic respondet Modestinus, pro servo, provocationem interponere licebit. Heres cujus de inofficioso testamento agere interest et servi qui libertatem acceperunt, si perlusorio judicio actum sit, causam appellationis agere possunt : hoc divo Pio rescriptum est ; etenim quod heres respondere noluerit, atque sententia, adversario secunda, data fuerit, constitutum est divorum fratrum epistolà ad Domitianum nihil nocere, neque legatis, neque libertatibus : « Quod absente possessore, nec quoquam nomine ejus respondente, pronuntiatum est, non habet rei judicatæ auctoritatem, ni adversus eum solum qui adesse neglexerit. Quare his qui testamento libertates, vel legata, vel fidei commissa acceperunt, salvæ sunt actiones, si quas habuerunt, perinde ac si nihil esset judicatum : et ideo adversus eum qui vicit, permittimus eis agere. » Hi autem qui separatim condemnati fuerunt quamvis ex eâdem causâ, plures provocent : sed , si quis plures iisdem rationibus imo ordine vicerit, una ei suffecerit appellatio. VII. Nihil innovari appellatione interpositâ. — Post appellationem interpositam, nihil novari medio tempore oportet : receptâ appellatione, quia est admissa; non adhuc receptâ ne præjudicium per deliberationes fiat. Unde si quis, vel relegatus, vel deportatus, vel adnotatus fuerit et appellaverit, tandiu integer ejus erit status, quandiu de provocatione interpositâ non fuerit pronuntiatum. Jussus igitur, ordine abstinere, pendente appellatione valere non debet. Attamen constitutionibus statutum est ut pendente appellatione aliquid novari liceret , quum sententia judicis, adversus insignes latrones, vel seditionum concitatores, vel duces factionum data fuerit.

VIII. Quæ sententiæ sine appellatione rescindantur. — Sententiæ contra jus, id est specialiter, contra leges, vel senatus consultum , vel sacras constitutiones , data , minime profertur, atque sine appellatione causa denuo induci potest. Nam si judex dixerit « Neque filios neque ætatem aut ullum privilegium ad muneris vel tutelæ excusationem prodesse, » de jure constituto pronuntiasse intelligitur. Si judicetur non esse judicatum, quamvis judicatum, sententia, nullâ provocatione rescinditur : neque appellabitur quum errore calculi prolata fuerit et judex ita pronuntiaverit : « Cum constet Titium Seio ex illâ specie quinquaginta, item, ex illâ specie viginti quinque debere : idcirco Lucium Titium Seio centum condemno. » Denique sententia judicis, dati ab eo qui dandi jus non habuit, ne appellatione quidem interpositâ, etiam rescinditur.

DROIT FRANÇAIS.

CODE CIVIL, art. 1351.

CODE DE PROCÉDURE, part. Ire, liv. III, titre unique; livre IV, titre I et II, art. 443 a 504.

CODE DE COMMERCE, livre IV, titre IV, art. 645 a 648.

LOI DU 11 AVRIL 1838, en ce qui concerne le dernier ressort.

I.

De la chose jugée.

(Art. 1351 du Code civil.)

La loi, au titre des preuves, qu'elle range dans un ordre que nous ne sommes pas chargés d'apprécier ni de défendre, parle de celles qu'elle appelle *présomptions* : d'abord elle les définit : « Elles sont, art. 1349, des conséquences que la loi ou le magistrat tirent d'un fait connu à un fait inconnu. » Pothier l'avait dit ainsi, le législateur l'a répété. Mais cette définition est-elle bien exacte? ce que Pothier et le Code civil ont dit des présomptions, ne peut-il pas s'appliquer à toute preuve en général, si ce n'est à la preuve résultant de la perception des sens?

Après avoir défini, la loi énumère, art. 1350 : elle énonce quatre présomptions légales, et parmi elles on lit : 4° la force que la loi attache à l'aveu de la partie : est-ce juste encore? l'aveu est-il une présomption, ou bien est-il une preuve? et la plus forte de toutes les preuves. Quoi qu'il en soit, arrivons au sujet spécial de notre matière, à la présomption légale, que la loi, au 3° de l'art. 1350 accorde à l'autorité de la chose jugée.

L'homme a une intelligence qui faiblit à tout instant : mille passions différentes l'agitent, même à son insu, et exercent sur sa pensée une influence impérieuse, alors même qu'il est animé des intentions les plus pures. Quand donc une sentence a été prononcée par un tribunal quelconque, personne ne peut assurer que justice a été rendue à qui de droit, que ce qui a été jugé a été bien jugé. Cependant il faut un terme aux débats engagés, mieux vaut un jugement injuste que des luttes judiciaires sans cesse renaissantes, et voilà l'explication bien simple de cette maxime : « *Res judicata pro veritate habetur,* » vérité relative et non absolue ; on ne peut assurer que bonne justice a été faite, il faut le présumer. Profondément convaincu de la nécessité du respect inviolable dû à la présomption résultant de la chose jugée, Socrate, lorsqu'il pouvait fuir, buvait la ciguë et mourait victime résignée d'un jugement injuste.

Ainsi, premier motif de l'autorité de la chose jugée, l'intérêt public ; deuxième motif, présomption que ce qui a été jugé a été bien jugé, présomption établie sur des bases incertaines, mais présomption nécessaire, aussi incertaine, aussi nécessaire que celle qui résulte de la preuve testimoniale : elles sont fondées sur la probité et l'intelligence présumées du juge ou du témoin. Comme la prescription, la présomption attachée à la chose jugée est une création du droit civil, d'où découlent ces importantes conséquences : 1° elle n'opère pas de plein droit ; elle doit être invoquée par voie d'exception, et le juge ne peut la suppléer d'office ; 2° si elle délivre de l'obligation civile, elle ne brise pas l'obligation naturelle, qui conserve toute sa force ; 3° de ce que l'autorité de la chose jugée puise sa force dans nos lois civiles, les jugements qui ne sont pas rendus sous l'empire de ces lois civiles, comme les jugements rendus à l'étranger, fût-ce même entre deux Français, ne jouiront pas en France du privilège de la chose jugée ; il faudra que les tribunaux de France leur viennent en aide.

Que faut-il pour qu'il y ait chose jugée ? Art. 1351 : il faut la réunion simultanée de cinq conditions essentielles : elles existaient de même chez les Romains ; tant elles sont de souveraine justice :

1° Que l'objet soit le même, *eadem res.* Dans une action malheureuse, vous avez demandé un corps certain, un droit, une quantité : votre prétention a été repoussée ; que l'objet maintenant subisse des modifications, peu importe, il y a chose jugée, une seconde action vous est impossible si vous ne pouvez l'appuyer sur un titre nouveau. Ici se placent une foule de règles d'application, que nous ne faisons qu'indiquer ; *in toto et pars continetur ;* si vous succombez au pétitoire, vous ne pouvez agir au possessoire ; si l'on vous a refusé le capital, vous ne pouvez demander des intérêts ;

2° Que la cause soit la même, *eadem causa*. En droit romain, il y avait deux sortes d'actions que l'on pouvait intenter l'une après l'autre : l'action personnelle, fondée sur l'idée d'obligation; l'action réelle, fondée sur l'idée de propriété. Dans notre droit où l'on doit exposer les motifs de la demande « art. 61 du Code de proc. », il est facile de savoir si les causes émises dans la seconde action ont été présentées dans la première. Par cause, gardons-nous d'entendre un argument nouveau, mais entendons un titre nouveau : ce que la loi repousse, ce sont les titres et non les motifs identiques. Ainsi, après avoir revendiqué à titre de dépôt, je revendique à titre de vente ; après avoir attaqué un acte comme faux, je l'attaque comme nul : là il y a cause nouvelle : et dès lors tombe le brocard de droit, si faussé par l'interprétation : *Electa una via, non datur recursus ad alteram.* Plein de force contre la chose jugée, il la perd entièrement quand à cette chose jugée vous pouvez opposer un nouveau moyen d'attaque, *alia causa ;*

3° Que les parties soient les mêmes, *cædem partes*. Le droit romain ne voulait pas qu'on fût frappé par un jugement auquel on n'avait été ni partie ni appelé. C'était de toute justice : *Res inter alios acta, aliis neque prodest neque nocet :* notre Code nécessairement a maintenu ce principe.

Mais quand y aura-t-il *res inter alios acta?* On peut être partie dans une instance : 1° par soi-même, défendeur, demandeur ou intervenant ; 2° par son mandataire : 1° par son mandataire volontaire, celui auquel vous avez donné mandat de vous représenter en justice, art. 1989 ; 2° par son mandataire légal : le mari pour la femme, le tuteur pour le mineur, art. 1428, 1576 ; 3° par son mandataire judiciaire : le curateur pour l'interdit, le curateur d'une succession vacante, art. 790. — On peut être partie dans un procès : 3° par ceux que l'on présente à titre universel : le défunt pour son héritier ; 4° par ses ayants-cause à titre universel ou particulier : les légataires pour leurs auteurs ;

4° Que la qualité des parties soit la même : si le mari, le tuteur ont agi au nom de la femme, du mineur, la loi leur permet d'agir ensuite en leur propre nom; on ne peut pas leur opposer l'exception de la chose jugée.

A ces quatre conditions nous en ajouterons une cinquième qui n'est pas écrite dans la loi parce qu'il était inutile de la rappeler ; pour qu'il y ait chose jugée, il faut que le jugement ne soit pas attaquable, ou au moins ne soit pas attaqué par les voies légales. Ainsi, après un jugement préparatoire, provisoire, interlocutoire, un jugement par défaut ou par contumace, quand les délais de l'opposition ne sont pas expirés, on peut intenter une deuxième action.

Cette cinquième condition mentionnée nous servira de transition pour passer à l'examen des voies par lesquelles on peut attaquer les jugements.

II.

Des voies contre les jugements.

Les voies contre les jugements sont ordinaires ou extraordinaires : nous nous occuperons plus loin des voies extraordinaires ; les voies ordinaires sont 1° l'opposition ; 2° l'appel, qui seul fait partie de notre matière.

III.

De l'appel.

DEUXIÈME VOIE ORDINAIRE CONTRE LES JUGEMENTS.

Code de procédure, liv. III. Des Cours royales.

TITRE UNIQUE.

La rubrique du troisième livre, intitulé *des Cours royales*, n'est pas exacte ; car les règles qu'il contient ne s'appliquent pas seulement aux appels portés en cour royale, mais à tout appel en général, tel que l'appel des tribunaux de paix qui se porte devant les tribunaux d'arrondissement, auxquels alors moins que jamais nous ne devons pas donner le nom de tribunaux de première instance.

Pourquoi donc cette mauvaise rubrique? Sous l'organisation impériale, les tribunaux du deuxième degré de juridiction s'appelaient *tribunaux d'appel*. Mais en 1816, lorsqu'un revirement de fortune rappela au trône l'ancienne dynastie, on révisa les Codes : aux dénominations impériales on substitua les dénominations royales; pour les publier partout, on fit un contre-sens, et les tribunaux d'appel furent appelés *cours royales*.

Histoire de l'appel. — L'histoire de l'appel en droit romain est une histoire confuse : Ulpien semble douter de sa nécessité; il l'admet et la rejette tour à tour. Dans notre droit mérovingien, il n'était pas connu : après les jugements de Dieu, à qui aurait-on pu en appeler ? Sous la législation des capitulaires, une coutume barbare s'était introduite : ce n'était pas son ennemi vainqueur que l'on provoquait au combat, c'était le juge qui avait prononcé la sentence de condamnation. Telle était *la prise à partie* (titre III, livre IV, Cod. de proc. civile), arrangée à la manière des temps féodaux. Avec saint Louis les institutions se modifient, de véritables tribunaux d'appel sont organisés. Un bien amena un mal; l'appel fut un nouveau degré de juridiction, il y en avait cinq ou six : les procès ne finissaient pas, les parties s'épuisaient. Les législateurs réformistes de la constituante brisèrent ces vieux abus; ils faillirent aller trop loin, car un grand nombre voulait qu'un seul degré de juridiction fût maintenu. Cependant la crainte inquiète qu'ils avaient de voir renaître ces grands corps judiciaires tout-puissants naguère encore se dissipa un peu : un deuxième degré, mais seulement un deuxième degré de juridiction fut reconnu nécessaire. Néanmoins plus de tribunaux d'appel spéciaux. La loi de 1790 voulait que l'appel du jugement d'un tribunal de district fût porté à un autre tribunal de district. Sous le consulat, la loi du 27 ventôse rétablit de véritables tribunaux d'appel : il y en avait 29 : les démembrements de 1814 nous en ont arraché deux.

Conditions nécessaires pour l'appel. — 1° Il faut que la loi autorise les deux degrés de juridiction. Or les tribunaux d'arrondissement doivent connaître en dernier ressort des actions mobilières jusqu'à la somme de 1500 fr. de principal, et des actions immobilières jusqu'à la somme de 60 fr. de revenus, déterminés soit en rente, soit par prix de bail (loi du 11 avril 1838). Pour toute affaire d'une valeur supérieure ou indéterminée, ils ne sont compétents qu'en premier ressort. Quelquefois cependant on ne pourra appeler d'un jugement rendu en premier ressort, comme aussi quelquefois on pourra appeler d'un jugement en dernier ressort (art. 453 et 454); 2° que l'on n'ait pas renoncé à l'appel; 3° que l'appel interjeté ne soit pas périmé, car alors il y a chose jugée (art. 469); 4° que l'on soit dans les délais de l'appel (art. 443).

Délai de l'appel. — 1° Délai avant lequel on ne peut pas appeler (art. 449). Ce délai est de huitaine; il est facile à comprendre : ce n'est pas pour laisser au perdant le temps de maugréer ses juges; mais c'est pour empêcher qu'irrité de son échec, il ne se hâte d'interjeter un appel irréfléchi, qui entraînerait pour lui de fâcheuses conséquences. L'art 449 déroge sous deux rapports à la loi de 1790.

Il est évident que l'exécution des jugements non exécutoires par provision sera suspendue pendant ladite huitaine (art. 450).

2° *Durée du délai d'appel* (art. 443). — Autrefois l'appel devait se faire *illicò*, sur-le-champ, à la face du juge, et à peine avait-on entendu la sentence de condamnation qu'il fallait s'écrier comme Guillaume dans l'*Avocat Patelin* : *J'en appelle*. Pour corriger cet abus, on tomba dans un excès contraire; on donna dix et vingt ans pour appeler, selon qu'il s'agissait de biens laïques ou ecclésiastiques. Une loi de la constituante et le Code ensuite ont fixé à trois mois le délai d'appel.

3° *De quelle époque court le délai d'appel* (443)? — Le délai d'appel pour les jugements contradictoires, comme pour les jugements par défaut, est le même, seulement le point de départ est différent :

1° Pour les jugements contradictoires, le délai d'appel court du jour de la signification du jugement.

2° Pour les jugements par défaut, le délai d'appel court du jour où l'opposition n'est plus recevable ; notre Code n'a pas maintenu l'ancien adage : *Contumax non appellat* (art. 443 et 455).

4° *Effet de l'expiration du délai de trois mois sans qu'il y ait appel* (art. 444). — Ces délais emporteront déchéance, déchéance non pas seulement facultative, mais absolue.

5° *Prolongation du délai* (art. 445, 446). — La loi en faveur des inca-
pables n'accorde pas de prolongation pour le délai. Seulement, elle lui
donne un point de départ spécial ; il ne court que du jour de la signification, tant au tuteur qu'au subrogé tuteur, encore que ce dernier n'ait
pas été en cause (art. 444). Mais si elle ne s'attache pas à la qualité de la
personne, à son incapacité, elle a égard à sa situation présente : ainsi,
ceux qui, condamnés en première instance, demeurent hors de France,
auront pour appeler, outre le délai de trois mois depuis la signification
du jugement, le délai des ajournements (art. 73, 445) ; ceux qui seront
absents du territoire européen du royaume pour service de terre ou de
mer, ou employés dans les négociations extérieures pour le service de
l'Etat, auront pour interjeter appel, outre le délai de trois mois depuis la
signification du jugement, le délai d'une année.

6° *Suspension du délai d'appel.* — 1° Le délai d'appel est suspendu par
la mort de la partie condamnée. — L'art 447 du Code de proc. comme
l'art. 877 du Code civil est fondé sur l'idée que l'héritier continuateur du
défunt a besoin d'être mis au courant des affaires de son auteur, et que
quelque temps lui est nécessaire pour se reconnaitre dans sa nouvelle po-
sition. Il y aura donc suspension du délai d'appel en faveur de l'héritier.
Pour qu'elle cesse il faudra :

1° Qu'on lui fasse la signification du jugement ;

2° Que les trois mois et quarante jours pour faire l'inventaire et la dé-
libération soient écoulés, car la signification ne peut produire d'effets
avant l'expiration de ces délais. — Le gagnant ne connaissant pas les
héritiers, leur fera une signification collective, sans désignation des
noms et qualités, au domicile du défunt (art. 447).

3° Le délai d'appel sera suspendu dans le cas où le jugement 1° aura
été rendu sur une pièce fausse ; 2° si la partie a été condamnée faute de
représenter une pièce décisive qui était retenue par son adversaire. Les
délais de l'appel ne courront : 1° que du jour où le faux aura été reconnu
ou juridiquement constaté ; 2° ou que la pièce aura été recouvrée, pourvu
que dans le dernier cas il y ait preuve par écrit du jour où la preuve par
écrit a été recouvrée.

Appel des jugements d'avant faire droit. — Tout ce que nous avons
dit jusqu'ici sur le point de départ du délai d'appel est relatif aux jugements définitifs. Nous allons nous occuper maintenant des jugements

d'avant faire droit. L'importance de distinguer en procédure entre les jugements préparatoires et les jugements interlocutoires se trouve dans l'art. 451, qui nous donne un résultat bien différent quant à l'appel de ces jugements.

Appel d'un jugement préparatoire. — L'appel du jugement préparatoire ne peut être interjeté qu'après le jugement définitif, et conjointement avec l'appel de ce jugement. Naturellement le délai de l'appel du jugement définitif court du jour de la signification. Quant au délai d'appel du jugement, son point de départ sera le même que pour le jugement définitif; car l'appel ne pouvant être fait antérieurement, le délai ne peut courir plus tôt.

Cet appel sera recevable, encore que le jugement préparatoire ait été exécuté sans réserves.

Appel d'un jugement interlocutoire. — L'appel d'un jugement interlocutoire pourrait être interjeté avant le jugement définitif, et, par conséquent ayant un effet suspensif, il interromprait la marche de la procédure première.

En droit romain, l'appel avant un jugement définitif était généralement défendu : il y a une exception au Digeste, titre v, loi 2, *De appellationibus recipiendis*, quand le juge ordonne, contrairement à la loi, une enquête au civil ou au criminel; on ne voulait pas que par des appels sans fin on vînt toujours entraver la marche de la justice. Dans l'ancien droit, les mots *préparatoire* et *interlocutoire* semblent n'avoir pas un sens bien distinct : on permettait ou défendait d'appeler d'un jugement non définitif, selon que le jugement d'avant faire droit portait ou non préjudice à l'appelant. Mais c'était là une question de fait souvent bien difficile à trancher. La loi de brumaire an ii, qui faisait de généreux efforts, erronés peut-être, pour simplifier les rouages compliqués de notre procédure, défendit d'appeler d'aucun jugement préparatoire avant le jugement définitif, et par jugement préparatoire elle semble avoir entendu parler de tous les jugements d'avant faire droit. Le Code reproduisit d'abord l'article de la loi de brumaire : des cours d'appel réclamèrent, et l'art. 451 du Code de procédure civile remplaça l'art. 6 de la loi de brumaire. Puis, pour tracer des limites plus ou moins certaines entre les jugements préparatoires et interlocutoires, on rédigea l'art. 452. En rayant l'art. 6 de la loi de brumaire, en le remplaçant par

les art. 451 et 452 du Code de proc. civile, la loi a-t-elle été bien heu-
reuse? a-t-elle, même en théorie, établi d'une manière bien certaine
la ligne de démarcation entre les préparatoires et les interlocutoires?
Quelle sera donc alors la difficulté, quand de la théorie il faudra passer
à la pratique? Ce qu'il y a de certain, c'est que les législateurs de Ge-
nève, lorsqu'ils se sont approprié nos Codes et les ont révisés, ont défendu d'appeler d'aucun jugement non définitif, si ce n'est dans le
cas énoncé par le Digeste, lorsque la voie d'instruction est contraire à
la loi.

Procédure de l'appel. — *Mode d'interjeter appel*, art. 456. — La loi
a dispensé l'appel des formalités nombreuses, lentes et coûteuses de l'or-
donnance de 1667; il s'introduit maintenant par un simple acte d'avoué
à avoué. L'acte d'appel doit contenir toutes les indications mentionnées à
l'art. 61 sur les ajournements : il y a cependant une légère différence :
les moyens de la demande, qui doivent être indiqués dans l'exposé des
griefs dont il est question à l'art. 462, ne doivent pas être nécessaires dans
l'art. 456.

Pour éviter des frais intempestifs, la loi veut que toujours l'affaire
dont est appel soit portée d'abord à l'audience, sans instruction par écrit;
et puis si la cour, à cause de la difficulté de l'affaire, reconnaît nécessaire cette instruction par écrit, elle pourra l'ordonner.

L'appelant a signifié son acte d'appel, l'intimé a répondu par une
constitution d'avoué. C'est alors que l'appelant, dans la huitaine
de cette constitution d'avoué, développe et signifie dans une requête
d'avoué ses moyens contre le jugement : puis, à l'intimé de répondre
encore à l'appelant dans la huitaine suivante, et ce n'est qu'alors enfin
que la cause est en état et se poursuit (art. 462).

En matière sommaire, toutes ces significations qui apportent tant de
lenteurs et tant de frais dans une procédure ne doivent pas avoir lieu :
une fois l'assignation portée, l'affaire se continue à l'audience sans aucune espèce d'écritures. Il en sera de même des cas où il ne s'agit pas
d'affaires sommaires, mais d'affaires civiles ordinaires; car l'intimé
n'ayant pas fait constitution d'avoué, à qui pourrait-on signifier les écritures?

(Art. 464). *Règle de cet article.* — On ne peut en appel former une nouvelle demande : la loi ne veut pas que l'on franchisse ainsi le premier degré de juridiction.

Exceptions. — 1° On pourra en appel former une nouvelle demande quand il s'agira de compensation, parce qu'on considère la compensation plutôt comme un moyen de défense que comme une demande nouvelle : puis on tranche ainsi deux procès en un.

2° On peut former en appel une demande nouvelle, quand elle est un moyen de défense à l'action principale : ainsi, en première instance, j'ai attaqué une donation pour vices de formes : en appel je puis l'attaquer pour incapacité ; il y a bien là une nouvelle demande, mais on la considère comme moyen de défense à l'action principale.

3° On peut former une demande en appel pour tout ce qui est accessoire à la demande principale faite en première instance, tel que par exemple pour des intérêts, arrérages, loyers ou autres accessoires.

Après la règle posée et les exceptions mentionnées, il semble que la loi pouvait ne pas écrire l'art. 466 : car il est bien évident qu'aucune intervention ne peut être reçue, si ce n'est de la part de ceux qui auraient droit de former tierce opposition, sous peine de laisser s'introduire une demande nouvelle devant le second degré de juridiction.

L'art. 465 est plutôt un article de tarif qu'un article de procédure ; il a pour but d'éviter les trop grands frais que pourraient occasionner des pièces de procédures répétées. Les art. 467 et 468 sont pour les tribunaux d'appel ce que sont les art. 117 et 118 pour les tribunaux de première instance : ils indiquent la manière de former les votes, quand les conseillers de la cour se seront partagés en plusieurs opinions : ce qu'il y a de certain, c'est que s'ils étaient appliqués à la lettre, au lieu d'aider à la composition d'une majorité, ils la rendraient plus difficile à former. Vient enfin l'art. 470 qui nous dit que les règles de procédure des tribunaux inférieurs, auxquelles n'ont pas dérogé celles de l'appel, seront observées devant les cours royales.

Effet de l'appel (art. 457). — L'appel a 1° un effet dévolutif ; 2° un effet suspensif. — 1° Un effet dévolutif, c'est-à-dire que l'appel, à la différence du pourvoi en cassation qui n'a pas d'effet dévolutif, investit le tribunal ou la cour à laquelle il est porté, de la même étendue de pouvoir, de la même plénitude de juridiction qu'avaient reçues les tribunaux inférieurs par l'ajournement. 2° Un effet suspensif ; le litige étant de nouveau remis en question, l'exécution du premier jugement doit s'arrêter et demeurer suspendue jusqu'à la décision des nouveaux juges : nonseulement on ne peut plus agir, mais ce qui a été fait avant l'appel devient nul, l'appel fût-il même mal fondé. Il y a des exceptions à cet effet de l'appel; il ne sera pas suspensif : 1° quand le jugement en vertu de la loi est exécutoire par provision, sans même qu'il soit besoin que le jugement le déclare tel. 2° L'exécution malgré l'appel aura lieu lorsque les juges l'ordonneront dans les cas où la loi le leur commande. 3° L'exécution malgré l'appel aura lieu lorsque les juges, libres de la prononcer ou non, la déclareront nécessaire. Les art. 457 2° et 3°, 458 et 459, contiennent des règles de détail sur l'exécution provisoire.

Effet de l'appel rejeté. — 1° L'appelant est condamné à l'amende, cinq ou dix francs, selon que l'on a appelé d'un jugement de juge de paix, ou d'un jugement de première instance ou de commerce. 2° L'effet dévolutif et suspensif cesse : au tribunal qui avait prononcé d'abord appartient l'exécution de son jugement (art. 471 et 472).]— 1° Effet de l'appel admis : alors le premier jugement n'est plus, un arrêt l'a remplacé, et à la cour royale ou à un autre tribunal qu'elle a indiqué appartient l'exécution de cet arrêt (art. 472). — 2° Mais pour cela il faut 1° que les parties soient les mêmes; 2° que des règles de compétence n'en défèrent pas nécessairement l'exécution à un autre tribunal désigné par la loi.

Si le jugement est interlocutoire et que la matière soit disposée à recevoir une décision au fond, la cour, pour éviter un second jugement, pourra, quand elle infirme l'interlocutoire, statuer définitivement sur le tout; elle pourra de même user de cette disposition exceptionnelle de l'art. 473, qui prive les parties d'un degré de juridiction pour éviter un double procès, quand, soit pour vice de forme, soit pour toute autre cause, elle infirmera des jugements définitifs.

Appel des tribunaux de commerce. — La loi a senti que les intérêts pressés du commerce exigeaient une juridiction particulière, un tribunal spécial où viendraient siéger des hommes qui, par la pratique, auraient acquis la science difficile des affaires commerciales. Au premier degré, elle a donc établi un tribunal spécial; mais de même qu'elle a sanctionné une incohérence en ne donnant pas un tribunal de commerce à tous les arrondissements, elle en a sanctionné une seconde en déférant l'appel des tribunaux de commerce à des juges civils, aux cours royales ; elle accepte ainsi au second degré ce qu'elle a repoussé au premier. Du reste la procédure sera à peu près la même ; le délai comme au civil sera de trois mois (art. 645). Pour qu'il y ait appel, il faudra de même que la somme en principal s'élève au taux fixé par la loi (art. 646). Toujours préoccupée de l'idée de la marche rapide que doivent suivre les affaires commerciales, la loi veut que tous les arrêts de cour royale soient immédiatement exécutoires, à peine de nullité et même de dommages-intérêts, s'il y a lieu, sans qu'elles puissent accorder des défenses, ni surseoir à l'exécution (art. 647). Enfin, dans le même but encore, l'instruction doit être prompte ; elle aura donc lieu comme dans les affaires sommaires, sans écritures préalables. Une fois que l'assignation aura été portée, la contestation se continuera à l'audience (art. 648).

IV.

Des voies extraordinaires pour attaquer les jugements.

Après avoir traité de l'appel, une des voies ordinaires pour attaquer les jugements, la loi passe aux voies extraordinaires : ici encore la rubrique est incomplète et inexacte. Ainsi, la loi déclare qu'elle va traiter des voies extraordinaires, et le pourvoi en cassation, l'une des plus importantes et des plus réelles, est omis ; la loi annonce qu'elle va traiter des voies extraordinaires contre les jugements, et elle consacre un titre à la prise à partie, qui ne tend pas à faire tomber le jugement, qui n'est pas une voie contre le jugement mais une voie contre le juge, contre celui qui a prononcé la sentence, non contre l'effet mais contre la cause. La loi nomme encore la tierce opposition, c'est par elle qu'elle commence ; or la tierce opposition n'est pas à proprement parler un moyen de faire tomber le jugement ; elle est un moyen d'attaque contre lui, en ce sens qu'elle peut devenir une barrière à son exécution, mais comme la requête civile, comme la cassation elle ne le réduira pas au néant.

Ainsi, dans le langage de la loi, quatre voies extraordinaires pour attaquer les jugements. 1° La tierce opposition, 2° la requête civile, 3° la prise à partie, 4° la cassation qu'elle ne traite pas mais pour laquelle elle se réfère aux lois antérieures. Dans un langage strict et pur, il n'y en aura que deux, la requête civile et la cassation : la tierce opposition ne sera alors qu'une entrave à l'exécution de la sentence ; la prise à partie sera dirigée non contre le jugement mais contre l'auteur du jugement.

Quoi qu'il en soit, acceptons la loi telle qu'elle est faite, et suivons-la dans sa marche : elle commence par la tierce opposition.

V.

De la tierce opposition.

La loi dit, art. 474 : « Une partie peut former tierce opposition à un jugement qui préjudicie à ses droits, et lors duquel, ni elle, ni ceux qu'elle représente, n'ont été appelés. » — Si nous n'y prenons garde, le législateur va nous donner une définition dangereuse et susciter des difficultés dans la combinaison des textes. Car en effet, si la tierce opposition n'est simplement qu'un moyen d'attaque contre un jugement auquel on n'a pas été appelé, 474 est un article sans portée : en présence de l'art. 1351, 474 devient une arme inutile quand 1351 proclame ce principe, et suffit pour le consacrer : *Res inter alios judicata, aliis neque nocere, neque prodesse potest*, « La chose entre d'autres a été jugée, à d'autres elle ne peut ni nuire ni profiter. » Donc, moi qui n'ai pas été partie, moi que l'on n'a pas appelé, contre qui par conséquent on n'a pas jugé, j'ai conservé tous mes droits sains et saufs, et sans avoir besoin d'aller solliciter et interroger au Code de procédure un art. 474, de la tierce opposition, pour m'élever contre un jugement qui ne peut me toucher, je puis user simplement de l'art. 1351 et dire : *Res inter alios acta*. Quant à ce qui me concerne, vous allez juger.

3

Comment donc expliquer, interpréter l'existence simultanée de ces deux art. 1351 du Code civil, et 474 du Code de procédure? La difficulté est grande; elle a préoccupé et trahi de hautes et profondes intelligences. Merlin fait de la tierce opposition une disposition facultative, et dit que celui auquel un jugement préjudicie pourra choisir entre l'action qui lui est ouverte par l'art. 1351, et celle ouverte en vertu de l'art. 474. Proudhon, au contraire, fait de la tierce opposition une mesure forcée et dit, que quiconque veut, en vertu de l'art. 1351, s'opposer à un jugement qui lui préjudicie, doit, pour établir qu'il a été étranger à la chose jugée, *inter alios acta,* entamer la procédure de la tierce opposition. Fort de la doctrine enseignée, nous donnerons une explication contraire à l'opinion des célèbres jurisconsultes que nous avons nommés. La tierce opposition sera pour nous un moyen d'arrêter l'exécution d'un jugement, un moyen d'attaque plus favorable que celui offert par l'art. 1351. Sans doute, 1351 donne bien le droit de venir dire, *res inter alios acta,* vous avez jugé entre d'autres, jugez maintenant entre nous : mais en attendant que l'on décide de nouveau, la partie qui a gagné peut-être va user, abuser de la chose litigieuse, et quand entre nous il sera jugé qu'elle m'appartient, cet adversaire l'aura détruite; qu'aurais-je gagné? C'est pour obvier à cet inconvénient, auquel ne peut rien l'art. 1351, qu'a été créée la tierce opposition, qui elle, non-seulement remet en question la chose jugée, mais arrête dans son exécution la sentence rendue.

A quel tribunal se porte la tierce opposition? — Il faut distinguer trois cas différents : 1° la tierce opposition principale, celle interjetée sans qu'aucune instance actuelle soit pendante devant un tribunal, se porte devant celui qui a rendu le jugement attaqué; c'est lui qui a causé le préjudice, lui mieux que tout autre peut donc apprécier ce qui est nécessaire pour réparer ce préjudice (art. 475). — La tierce opposition incidente, celle formée contre un jugement qu'une partie oppose à l'autre pendant le cours d'une instance, cette tierce opposition aussi en principe se porte devant le tribunal saisi de l'instance principale. — 3° Cependant si le tribunal déjà saisi de l'instance principale est un tribunal inférieur en degré à celui dont le jugement est attaqué par la tierce opposition, alors elle est portée devant le tribunal qui a rendu le jugement attaqué (art. 476). — D'après l'article 477, le tribunal devant lequel le jugement attaqué aura été produit, *pourra,* suivant les circonstances, passer outre ou surseoir. Cet article se rattache à la tierce opposition incidente, et plus spécialement à celle dont il est question à l'art. 476 , celle qui est portée à un tribunal autre que le tribunal saisi de la demande principale. Dans ce cas, le tribunal saisi de la question principale devra-t-il attendre la solution donnée par le tribunal saisi de la tierce opposition. A ce sujet la loi se tait, elle s'abandonne à la sagesse du juge, qui pourra surseoir ou non, selon l'influence qu'il pensera devoir résulter pour la question principale de la solution donnée au jugement attaqué par la tierce opposition.

Effet de la tierce opposition. — La tierce opposition n'a l'effet suspensif que par la volonté du juge, et la loi nous indique un cas où le juge ne peut pas vouloir lui donner cet effet : 1° lorsqu'il y aura un jugement passé en force de chose jugée ; 2° lorsque ce jugement passé en force de chose jugée condamne au délaissement d'un héritage. — Si la tierce opposition est rejetée, la partie qui l'avait témérairement intentée sera condamnée à une amende dont le minimum est de 50 francs, sans préjudice toutefois des dommages-intérêts, s'il y a lieu.

VI.

De la requête civile.

Livre IV, titre II, art. 480-504.

La requête civile est une voie extraordinaire pour attaquer les jugements ; elle n'appartient qu'à ceux qui ont été partie dans les premiers débats ; partie par eux-mêmes ou par leurs représentants, et qui ne peuvent plus user des voies ordinaires. L'explication de ce mot requête civile nous est donnée par l'histoire : autrefois, pour s'opposer à des décisions souveraines , il fallait par une requête demander et obtenir des *lettres royaux* : le mot *requête* a été conservé, et on a ajouté le mot *civile* pour indiquer les formes décentes avec lesquelles on doit suivre cette procédure, où l'on demande à un tribunal la rétractation d'un jugement qu'il a rendu.

La loi nous indique, art. 480 : 1° contre quels jugements on pourra former la requête civile; 2° dans quels cas on pourra contre ces jugements former la requête civile.

I. *Contre quels jugements on pourra former la requête civile.* — 1° Contre les jugements contradictoires rendus en dernier ressort par les tribunaux de première instance et les cours royales, c'est-à-dire n'ayant pu et ne pouvant être attaqués par l'appel; 2° contre les jugements par défaut en dernier ressort, et contre lesquels on n'a pas formé opposition. Les délais de l'opposition étant plus courts que ceux de l'appel, la loi ne refuse pas la requête civile à celui qui a manqué de former opposition comme à celui qui a manqué d'interjeter appel.

II. *Cas où la requête civile est admissible.* — 1° S'il y a eu dol, dol personnel, c'est-à-dire des manœuvres frauduleuses de la partie en faveur de laquelle le jugement a été rendu, et non pas seulement le *dolus re,* le préjudice, la lésion éprouvée par une partie dans un contrat ou un jugement. 2° Si les formes prescrites à peine de nullité ont été violées, soit avant, soit lors du jugement, pourvu que la nullité n'ait pas été couverte par les parties, c'est-à-dire que malgré les nullités elles n'aient pas continué la procédure. La violation ou l'omission de formalités prescrites à peine de nullité pourront donner lieu aussi à cassation, et la question de savoir quand la requête civile ou la cassation devront être employées sera souvent bien difficile à décider. 3° S'il a été prononcé sur choses non demandées, car les juges ont alors statué d'office sur une question qui ne leur était pas soumise. 4° S'il a été adjugé plus qu'il n'a été demandé, *ultra petita,* chez les Romains : les juges ont commis un excès de pouvoirs. 5° S'il a été omis de prononcer sur l'un des chefs de la demande, car alors la contestation n'est pas vidée. 6° S'il y a contrariété de jugements en dernier ressort, entre les mêmes parties et sur les mêmes moyens, dans les mêmes cours ou tribunaux. 7° Si dans un même jugement il y a des dispositions contraires : mais, dans ce paragraphe 7, l'effet de la requête civile est bien différent de celui qu'elle amène au paragraphe 6. 8° Si dans le cas où la loi exige la communication au ministère public, cette communication n'a pas eu lieu, et si le jugement a été rendu contre celui pour qui elle était ordonnée. 9° Si l'on a jugé sur pièces recon–

nues ou déclarées faussés depuis le jugement. 10° Si depuis le jugement il
a été recouvré des pièces décisives et qui avaient été retenues par le fait de
la partie. 11° Cette onzième cause d'ouverture de requête civile (art. 481)
s'applique seulement à l'État, aux communes, aux établissements publics,
aux mineurs, aux interdits; elle a lieu dans deux cas : 1° lorsqu'ils n'ont pas
été défendus, c'est-à-dire lorsqu'on les a condamnés par défaut, ou bien
si le mineur a figuré seul au procès sans l'assistance de son représentant
légal, son tuteur; 2° s'ils n'ont été valablement défendus : ainsi lorsqu'on a
plaidé pour l'État, les communes, les établissements publics, sans les au-
torisations administratives. — Il est bien évident que si dans tous ces cas
il n'y a d'ouverture que contre un des chefs du jugement, il sera seul ré-
tracté, à moins que les autres n'en soient dépendants.

Procédure de la requête civile. — I. Délai. — 1° *Délai* du délai : trois
mois comme pour l'appel. 2° Point de départ du délai : il court du jour
de la signification à personne ou à domicile. 3° Prorogation du délai :
1° pour le mineur dont la loi n'a pas ainsi favorisé la faiblesse pour le
délai d'appel (art. 484); 2° pour ceux qui à l'étranger sont employés au
service du pays (art. 485), pour ceux qui sont absents du territoire de
France (art. 486), enfin pour les héritiers de la partie condamnée (art.
487) : ces articles répètent pour la requête civile ce qu'ont dit pour l'appel les art. 445, 446, 447. 3° Prorogation du délai : quand les ouvertures
de requête civile sont le faux, le dol ou la découverte de pièces nouvelles.
4° Prorogation de délai quand il y a contrariété du jugement. Dans ce
cas, le délai de la requête civile ne court que du jour de la signification
du jugement qui contrarie le premier.

II. *Compétence.* — 1° La requête civile principale : elle se porte au
tribunal qui a rendu le jugement attaqué (art. 490). 2° La requête civile
incidente : elle se porte aussi devant le même tribunal (art. 491). Ainsi,
que la requête civile soit principale ou incidente, la compétence est la
même, mais pour la procédure il n'en est pas ainsi.

III. *Marche de la procédure.* — 1° Déposition à la caisse des consignations 1° de 300 fr. d'amende; 2° de 150 fr. de dommages-intérêts. — La
loi prend des mesures sévères pour empêcher que l'on n'abuse de la requête civile, et pour avertir les plaideurs de la gravité de leur dé-
marche. Lors donc qu'on viendra demander au président la permission
de la requête, il faudra présenter la quittance attestant la consignation

des 300 fr. d'amende et des 150 fr. de dommages-intérêts. La consignation sera de moitié si le jugement est par défaut ou par forclusion, et du quart s'il s'agit d'un jugement rendu par les tribunaux de première instance (art. 494 et 500).

2° Consultation de trois avocats. Nous avons dit qu'en faisant la demande de la requête au président, il fallait présenter 1° la quittance des consignations : il faudra 2° présenter une consultation de trois avocats ; de trois avocats en exercice depuis dix ans dans un des tribunaux du ressort de la cour royale dans lequel le jugement est rendu. Cette consultation devra indiquer : 1° que la requête est admissible ; 2° les moyens sur lesquels elle est fondée (art. 495 et 499); 3° demande au président (art. 483) ; 4° significations. — 1° Notification de la requête civile permise par le président (art. 483). C'est une tradition des *lettres royaux*, et une tradition qui se trouve pleinement contraire à la loi de 1790. — 2° Assignation pour la requête principale à l'avoué de la partie, quand elle est faite dans les six mois, parce qu'il est censé occuper toujours pour elle (art. 492 et 496). Si l'assignation n'est faite que six mois après le jugement, alors la même présomption n'existe plus, et c'est au domicile de la partie qu'elle doit être remise (art. 492). — Quant à la requête incidente (art. 493), elle se formera 1° par une assignation, quand le tribunal saisi de l'instance principale ne sera pas compétent pour juger la requête ; 2° par une simple requête d'avoué à avoué quand il sera compétent.

5° Communication au ministère public (art. 498). La loi ne nous donnant aucunes règles spéciales sur les autres points de la procédure, les règles ordinaires seront suivies : même pour les requêtes civiles contre les jugements rendus sur matière sommaire, il faudra les écritures, la procédure écrite suivie des plaidoiries.

Effet de la requête civile. — La loi, dans un art. qui a une importance immense, dans l'art. 487, nous apprend que la requête civile n'a pas d'effet suspensif : bien plus, dans un cas, dans le cas où le jugement attaqué par la requête civile condamne à délaisser un héritage, la requête ne sera admise que lorsque l'on aura préalablement remis la preuve de l'exécution du jugement : on ne veut pas que des procédures sans fin entravent toujours la marche de la justice : un héritage ne disparaît pas et ne peut pas entre les mains du gagnant se dissiper comme se dissiperait une somme d'argent.

1° Effet de la requête admise (art. 501). La question débattue n'a pas fait un pas ; loin de là elle a reculé : il existait un jugement qui décidait d'une manière quelconque, ce jugement est tombé par l'admission de la requête, et un autre jugement ne l'a pas remplacé ; devant d'autres juges, dans une autre instance, il va falloir aller demander une sentence nouvelle. Ainsi le rescindant rétracte et ne juge pas : ses conséquences seront (art. 502) : 1° la restitution des sommes consignées ; 2° le renvoi à une autre instance pour entendre le rescisoire, ou jugement décidant la question. Remarquons-le, les juges du rescindant seront les juges du rescisoire ; pourquoi donc deux instances ? Après avoir parcouru toutes les phases d'une longue procédure, l'art. 503 vient enfin, comme art. de consolation, faire espérer que les luttes vont cesser entre les parties : sans doute elles ne pourront plus s'élever contre le jugement de la requête civile, par une requête civile nouvelle : cependant si, je ne sais quel génie les pousse, elles veulent plaider encore, les voies leur sont ouvertes, et elles peuvent recourir au pourvoi en cassation, en admettant toutefois que le jugement qui rejette la requête civile ou le jugement sur le rescisoire seront entachés de l'un des vices qui donnent lieu aux ouvertures en cassation.

QUESTIONS.

La chose jugée pour ou contre le débiteur, est-elle jugée pour ou contre la caution? Pour? — Oui. Contre? — Non.

La chose jugée pour ou contre la caution s'applique-t-elle au débiteur principal? — Non.

Les débiteurs solidaires sont-ils représentés en justice par leurs codébiteurs solidaires? — Non.

Quid pour les cocréanciers solidaires? — Non.

Quid pour les cocréanciers d'une dette indivisible? — Non.

Peut-on opposer au civil l'exception de la chose jugée au criminel? — Oui.

Comment faut-il entendre la déchéance dont parle l'art. 444? est-elle d'ordre public? — Oui.

Un tribunal est-il lié par le jugement interlocutoire qu'il a prononcé? — Oui.

Quel est le point de départ du délai pendant lequel on peut appeler d'un jugement interlocutoire? — Le jugement définitif.

www.ingramcontent.com/pod-product-compliance
Lightning Source LLC
Chambersburg PA
CBHW060518200326
41520CB00017B/5096